¡ACCIÓN!

FILMANDO PELÍCULAS

SCENE	TAKE	ROLL

DATE		SOUND
PROD. CO.		
AUTHOR	**Sarah Garza**	
CAMERAMAN		

032707

032700

CINEMA TICKET

ADMIT ONE

Consultores

Timothy Rasinski, Ph.D.
Kent State University

Lori Oczkus
Consultora de alfabetización

David K. Lovegren
Productor

Basado en textos extraídos de
TIME For Kids. TIME For Kids y el logotipo
de *TIME For Kids* son marcas registradas
de TIME Inc. Utilizados bajo licencia.

Créditos de publicación

Dona Herweck Rice, *Jefa de redacción*

Conni Medina, *Directora editorial*

Lee Aucoin, *Directora creativa*

Jamey Acosta, *Editora principal*

Heidi Fiedler, *Editora*

Lexa Hoang, *Diseñadora*

Stephanie Reid, *Editora de fotografía*

Rane Anderson, *Autora colaboradora*

Rachelle Cracchiolo, *M.S.Ed.,*
Editora comercial

Créditos de imágenes: págs. 8–9, 18
(arriba centro e izquierda), 19 (abajo izquierda
y centro), 21 (arriba), 22–23, 25 (arriba), 25
(abajo), 26–27, 40–41, 47 (arriba), 50, 51
(todas), 55 Alamy; págs. 23 (arriba), 31, 48,
54–55 Associated Press; pág. 21 (abajo) Corbis;
págs. 8, 16, 24, 53, Getty Images; pág. 4
iStockphoto; págs. 16–17 20th Century Fox/
Album/Newscom; pág. 36 AFP/Getty Images/
Newscom; pág. 40 American Zoetrope/Album/
Newscom; pág. 19 (arriba centro y derecha)
Bazmark Films/Twentieth Century-Fox Film
Corporation/Album/Newscom; pág. 42 Splash
News/Newscom; págs. 15, 42–43 Columbia
Pictures/Album/Newscom; págs. 34–35
DanitaDelimont/Newscom; pág. 26 Disney/
Album/Newscom; pág. 18 (abajo derecha)
Films Montsouris/Newscom; pág. 46 Mashkov
Yuri Itar-Tass Photos/Newscom; págs. 28–29
Pacific Coast News/Newscom; pág. 29 (arriba)
Reuters/Newscom; pág. 28 TitoMedia/Splash
News/Newscom; págs. 6–7, 12–13, 47 (abajo)
Universal Pictures/Album/Newscom; págs. 10–
11 Walt Disney Productions/Album/Newscom;
págs. 44–45 (ilustraciones) Timothy J. Bradley;
todas las demás imágenes de Shutterstock.

Teacher Created Materials
5301 Oceanus Drive
Huntington Beach, CA 92649-1030
http://www.tcmpub.com
ISBN 978-1-4333-7182-0
© 2013 Teacher Created Materials, Inc.

Tabla de contenido

La magia de las películas

Las luces se apagan. Se hace el silencio en la sala. El público está deseando ver la primera escena. Si alguna vez has salido del cine riendo, llorando o entusiasmado, has experimentado la magia de las películas. Algunas solo duran 90 minutos. No obstante, la producción puede llevar años. Así es que hazte con un paquete de palomitas y toma asiento. Es hora de descubrir cómo se hace la magia de las películas.

PARA PENSAR

🎬 ¿Por qué nos gustan las películas?

🎬 ¿Cómo se hacen?

🎬 ¿Te gustaría hacer películas?

3D

¿De qué trata la película?

¿Qué películas exhiben en el cine más cercano? Probablemente, habrá al menos una comedia, una de acción y un par de dramas. Cuando miras la cartelera, ¿cuáles son las que más te llaman la atención? A algunas personas les gusta ver películas de todo tipo. No obstante, muchas prefieren un **género** concreto.

Películas de acción

Una pelea cuerpo a cuerpo. Persecuciones en automóvil. Acrobacias peligrosas. ¡Las películas de acción tienen todo eso! Las mejores incluyen velocidad, suspense y adrenalina. El héroe deberá enfrentarse a muchos peligros para salir victorioso. Estas películas hacen que el corazón se nos acelere.

Películas románticas

En las películas románticas, el público ve cómo dos personajes encuentran el amor verdadero. Al final, consiguen superar los obstáculos que los separan. Puede tratarse de la historia de unos amigos que se enamoran. O quizá los personajes provienen de familias que están enfrentadas. Sea cual sea la historia, estas películas son conocidas porque hacen que la gente crea en el amor.

escena de un clásico
de Steven Spielberg:
Parque jurásico

LAS FAVORITAS DEL DIRECTOR

Algunos **directores** son célebres por su trabajo en un género concreto. Las películas románticas de Nora Ephron son conocidas por su humor y su visión inteligente del amor. En cuanto a las de acción y aventuras, las de Steven Spielberg son famosas en todo el mundo. *Parque jurásico*, *Tiburón* e *Indiana Jones* son algunas de las más recordadas.

ZOOM LENS

28 - 95 mm

Comedias

Las comedias nos hacen reír a carcajadas. En algunas ocurren cosas graciosas. En otras, los personajes hablan con un humor tan descarado que pensamos: *¡No puedo creerme que haya dicho eso!* Las comedias datan de la época del cine mudo y algunas de las primeras películas que se hicieron eran de este tipo.

Documentales

Muchas películas recogen acontecimientos reales. Los **documentales** tratan de contarnos lo que realmente ocurrió. A menudo, nos enseñan cosas acerca de un tema concreto. Pueden tratar cualquiera: desde las bacterias hasta las galaxias. Algunos tienen **voz superpuesta**. En muchos aparecen entrevistas a personas que hablan sobre un acontecimiento y cuentan su versión de la historia.

NOS ENCANTA REÍR

¡A los espectadores nos encanta reír! En los últimos 15 años, las comedias han generado más dinero que cualquier otro género.

Charlie Chaplin fue una de las primeras estrellas de Hollywood y se hizo famoso por su capacidad de hacer reír a la gente.

¿CUÁNTO DINERO ESTÁS DISPUESTO A PAGAR?

En 2010, el precio medio de una entrada de cine era $7.89. El precio medio ha subido $2.50 en la última década. ¿Cuánto crees que costarán las entradas dentro de 10 años?

Fuente: Asociación Nacional de Propietarios de Salas de Cine

Películas de animación

Las películas de animación se producen digitalmente o se dibujan a mano. Pueden contar una historia conocida o una fantástica, que nunca hayamos oído. Una de las primeras de este tipo fue *Gertie el dinosaurio*, creada en 1914 por Winsor McCay. Esta película muda se dibujó en blanco y negro. Hoy en día, en las películas de animación aparecen personajes a todo color de todo el mundo que viven aventuras entrañables.

Dramas

Hay dramas sobre pérdidas, triunfos o largos viajes. Los actores suelen ganar premios por su actuación en esta categoría, ya que deben expresar emociones intensas. Algunas personas dicen que los dramas reflejan la vida real. A diferencia de las comedias románticas, quizá no tengan un final feliz. De hecho, puede que el protagonista muera.

GRANDES BENEFICIOS

Estas son algunas de las películas infantiles más **taquilleras** de la historia. Muchas han generado más dinero en Estados Unidos que la mayoría de las producciones para adultos.

La bella y la bestia, de Disney

ANIMACIÓN CON HONORES

La bella y la bestia, de Disney, fue la primera película de animación **nominada** al premio de la Academia a la mejor película, el más importante del mundo del cine. Muchos pensaban que estas producciones solo eran para niños. Tras la nominación, se ganaron el respeto del sector.

Toy Story 3
$415 millones

Buscando a Nemo
$380 millones

Cars
$244 millones

El rey león
$422 millones

Monsters, Inc.
$256 millones

Aladdín
$217 millones

Cine de terror

Cierra los ojos y tápate las orejas. Estas películas nos hacen tener pesadillas. Se crean para asustarnos, ya sea a través de extraterrestres, monstruos u otras criaturas extrañas. Entre las primeras películas de terror se encuentran *Frankenstein* y *Drácula*. Las actuales son más espantosas y horripilantes. Algunas parecen tan reales que podríamos pensar que se trata de documentales.

SANGRE DE CHOCOLATE

En la famosa película *Psicosis*, una de las más aterradoras de la historia, el director Alfred Hitchcock usó sirope de chocolate a modo de sangre falsa. Nadie sabía que era chocolate porque la película se filmó en blanco y negro. La textura del sirope hacía que a los espectadores les pareciera sangre. Este truco tan sencillo lleva décadas asustando al público.

Estrenada en 1960, *Psicosis* sigue siendo un clásico para los amantes del cine de terror.

RODAJES ATERRADORES

Los directores de las películas de terror quieren asustar al público. A veces, también quieren asustar a los actores. Algunos directores hacen cosas que les ponen los pelos de punta. Pueden pedir al equipo de producción que se esconda tras los actores y haga ruido para que estos salten. Los directores quieren captar la verdadera cara del pánico.

Le Manoir du Diable, también conocida como *El castillo encantado*, es una película francesa de Georges Méliès. Esta producción de tres minutos se considera la primera película de terror. Es curioso que su objetivo fuera divertir a los espectadores, porque no lo hizo. ¡Los aterrorizó!

LAS ELECCIONES DEL DIRECTOR

Te han llamado del mayor estudio de cine de Hollywood. Quieren que dirijas su próxima película. Primero, debes elegir entre un montón de **guiones** entretenidos y bien escritos. Rellena el cuestionario para descubrir qué tipo de película deberías hacer.

¿Cuál es tu plan favorito para el viernes por la noche?
- **A.** prepararte para el ataque de unos zombis
- **B.** escuchar tus canciones de amor preferidas
- **C.** entrenarte para convertirte en astronauta
- **D.** ayudar a un amigo a resolver un problema

¿Qué es lo que más te gusta de las películas?
- **A.** la sangre y la violencia
- **B.** los momentos entrañables
- **C.** las persecuciones de automóviles
- **D.** los sentimientos intensos

¿Qué es lo que menos te gusta de las películas?
- **A.** que sean lentas
- **B.** que sean serias
- **C.** que haya mucho diálogo
- **D.** que sean absurdas

Te gustan los personajes que _____ .

A. destruyen a un monstruo marino con una llave de kárate
B. hacen comentarios ingeniosos
C. corren rápido, dan buenos puñetazos y detienen a los malos
D. superan la muerte de un ser querido

Es de noche y te has perdido en un callejón oscuro. Oyes ruidos extraños detrás de ti. ¿Qué haces?

A. Sacas la pistola láser y caminas hacia el ruido.
B. Echas a correr por el callejón en busca de un desconocido valiente que te ayude.
C. Caminas en la oscuridad, alerta para descubrir quién o qué te sigue.
D. Sacas un arma e indicas a la persona o cosa oculta que no se acerque.

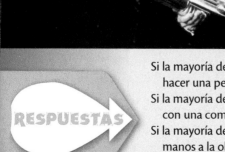

RESPUESTAS

Si la mayoría de tus respuestas fueron **A**, intenta hacer una película de terror.
Si la mayoría de tus respuestas fueron **B**, diviértete con una comedia romántica.
Si la mayoría de tus respuestas fueron **C**, ponte manos a la obra con una película de acción.
Si la mayoría de tus respuestas fueron **D**, ponte trágico y haz un drama.

15

Las películas en 3-D

Con las películas en **3-D**, nos da la sensación de que podemos formar parte de la acción. Los objetos parecen flotar ante nosotros, como si pudiésemos tocarlos. Estas producciones se filman con dos cámaras. Cada una graba la misma imagen desde un ángulo ligeramente diferente. Esto se parece al funcionamiento de nuestros ojos: el derecho ve las cosas algo distintas de como lo hace el izquierdo. Ambas imágenes se **proyectan** a la vez. Para verlas en 3-D, necesitamos unas gafas especiales.

el **productor** de *La esencia del misterio*, Mike Todd (izquierda), y el inventor de la Olorvisión, Hans Laube (derecha)

ZOOM LENS

28 - 95 mm

¡QUÉ ASCO!

Los estudios de cine han probado cosas raras para que nos entusiasmemos con las películas. A algunas hasta les añadieron olores. Se rociaban aromas en la sala durante algunas escenas. No obstante, a nadie le gustó el olor a basura que había cuando la acción se desarrollaba en un callejón.

DÓLARES EN 3-D

En 2009, *Avatar* se convirtió en la película en 3-D más taquillera. Ha generado más de $700 millones desde su estreno. No solo es la película en 3-D más taquillera; también es la más taquillera de la historia del cine.

¡MÁS EN PROFUNDIDAD!

EL CINE EN EL MUNDO

Las comedias y las películas de acción suelen ser las más populares en Estados Unidos. Los países de todo el mundo están desarrollando su propio estilo de entretenimiento. Mira qué películas se hacen en estas mecas del cine.

El cine de Hong Kong es famoso por las películas de artes marciales.

Las películas de Bollywood, el Hollywood de la India, se caracterizan por las canciones, los bailes, las historias de amor y el drama.

Las películas francesas suelen reflexionar sobre el día a día.

18

Muchos éxitos de taquilla de Hollywood cuentan con actores y directores australianos.

Las películas estadounidenses son conocidas en todo el mundo por sus alucinantes **efectos especiales**.

Las películas argentinas suelen tener poco presupuesto, pero mucha creatividad y mucha personalidad.

19

Los cineastas

Piensa en todos los nombres que aparecen en los créditos al final de tu película favorita. Hacen falta muchas más personas que los actores que vemos en la pantalla. En las películas pueden participar cientos de profesionales de otro tipo.

El productor

El productor se ocupa de un gran abanico de tareas relacionadas con la gestión empresarial y la producción de una película. El productor ejecutivo se encarga de conseguir financiación para la película y de contratar al director. El productor de línea procura que todo funcione bien en el rodaje. El productor debe asegurarse de que todo se hace correctamente, desde el guion hasta la noche del estreno.

El director

El director tiene la última palabra en los aspectos creativos de la película. Decide en qué momento del día se filmará cada escena. Trabaja con los actores para desarrollar los personajes. Elige dónde tendrán lugar las escenas. El director trabaja muy de cerca con los actores y el resto del equipo para que su visión artística cobre vida. Se trata de la persona que grita: "¡Acción!", al comienzo de cada escena.

Kathryn Bigelow

El director Michael Bay prepara una toma.

EN LA SILLA DEL DIRECTOR

En el siglo xix, Alice Guy-Blache (derecha) se convirtió en la primera mujer que dirigió una película. También es famosa porque fue la primera persona que dirigió una película de ficción. En 2010, Kathryn Bigelow se convirtió en la primera mujer que ganó un premio de la Academia a la mejor dirección.

Alice Guy-Blache

El director de fotografía

Al **director de fotografía** también se lo conoce como el **camarógrafo**. Ayuda a crear la imagen y el estilo de la película. Necesita las herramientas adecuadas para plasmar su idea. Parte del trabajo consiste en elegir los objetivos, las cámaras, los ángulos de rodaje y la iluminación.

El técnico de iluminación

El trabajo del **técnico de iluminación** es dar vida a la idea del director de fotografía. Se encarga de la iluminación. Elige a conciencia las luces apropiadas para conseguir un efecto determinado. La iluminación varía dependiendo de si la escena transcurre en un interior o en el exterior. También cambia cuando sale y se pone el sol. El técnico de iluminación decide dónde colocar el instrumental para conseguir la toma perfecta.

CREAR EL AMBIENTE ADECUADO

Imagina lo siguiente: Dos niños están a punto de entrar en una casa bien iluminada. Todas las ventanas están abiertas y la luz del sol entra a raudales. ¿Qué crees que ocurrirá cuando estén dentro? Ahora imagina esto: Las luces están apagadas y se ven sombras siniestras y extrañas en la casa, y las ventanas tienen gruesas cortinas que impiden que entre la luz del sol. Entonces, uno piensa: ¡Nooo! ¡No entréis ahí! Los camarógrafos saben que los cambios de iluminación pueden modificar la sensación que tenemos de lo que va a ocurrir.

LA ILUMINACIÓN

La iluminación es un elemento importante de las películas. Thomas Edison creó un escenario rotatorio que seguía el movimiento del sol para que se pudiera seguir filmando sin sombras durante todo el día. En la actualidad hay mucho tipos de iluminación artificial. Sin embargo, hace años, los directores no podían rodar si el cielo estaba cubierto. Por eso, los principales estudios de cine se mudaron de Chicago y Nueva York al soleado sur de California.

El diseñador de vestuario

Un personaje de una película sobre la Primera Guerra Mundial lleva una sudadera con capucha y unos vaqueros. Algo no encaja en la imagen. El diseñador de vestuario se encarga de averiguar qué ropa se corresponde con la época en que se desarrolla la acción. Antes de que comience el rodaje, hace los diseños y elige los tejidos. Puede que los colores muestren los sentimientos de los personajes en la película. El tejido y el estilo deben adecuarse a su edad y su personalidad. En algunas películas solo se necesitan uno o dos trajes sencillos. En otras, como la extraordinaria *Lo que el viento se llevó,* hacen falta miles.

ZOOM LENS

28-85 mm.

UNA DISEÑADORA DESTACADA

Con ocho estatuillas, la diseñadora de vestuario Edith Head es quien ha ganado más Óscares en esta categoría. Entre 1949 y 1977 fue nominada 35 veces.

El maquillador

El maquillador usa el maquillaje para ayudar a los actores a representar su papel. Ayuda a las estrellas a tener el mejor aspecto posible bajo las intensas luces. También puede hacer que los actores parezcan cansados. Las cicatrices, las magulladuras y las heridas ensangrentadas pueden pintarse con maquillaje. Los maquilladores pueden transformar a los actores en monstruos o extraterrestres. Las pelucas, el vello y las **prótesis** faciales se combinan para crear un personaje totalmente nuevo.

¡HA NACIDO UNA CICATRIZ!

Durante el rodaje de las películas de Harry Potter, los maquilladores tuvieron que volver a crear la cicatriz de Harry 5,800 veces. De ellas, dos mil se pintaron en la cabeza del actor Daniel Radcliffe, mientras que las otras 3,800 se hicieron en las de sus dobles.

¡QUÉ ARAÑA TAN CARA!

Para la película *El hombre araña*, de 2002, se crearon varios trajes para el protagonista. Cada uno de ellos costó 100,000 dólares. Por desgracia, robaron cuatro de los trajes del estudio de grabación y nunca los devolvieron.

Los animadores

Si se trata de una película de animación, los artistas dibujan cada uno de los fotogramas. Ya se trate de dibujos hechos a mano o de forma **digital**, los animadores crean el mundo de la película y a todos sus personajes. Algunos se centran en las expresiones faciales de estos. Otros se ocupan de los fondos y la utilería.

ZOOM LENS

28 - 95 mm

SOBRE EL TERRENO

Los animadores suelen querer que sus dibujos parezcan reales. Ven películas o viajan antes de dibujar. Para *Bambi*, se llevaron cervatillos, mofetas y ardillas al zoológico de los estudios Disney. Así los artistas podían pasarse por allí y observar lo que hacían los animales y cómo se movían.

Los actores

Los actores y las actrices dan vida a las películas. Memorizan todas las líneas del guion y representan a los personajes. Cuando están en el estudio, tratan de adentrarse en la mente de sus personajes. Deben sentir lo que estos sienten en cada escena. Algunos actores son famosos porque siempre representan el mismo tipo de papel. Otros se reinventan en cada película con tanto éxito que es imposible reconocerlos.

BUENOS ACTORES

Los mejores actores analizan al personaje que representan. Tratan de entender por qué actúa de determinada manera. Si un actor no siente las emociones de su personaje, la representación parecerá forzada y poco natural. Un buen actor puede dar vida a cualquier personaje y dar credibilidad a cualquier historia.

Entre bambalinas

Antes de que comience el rodaje, deben realizarse muchas tareas. La **preproducción** implica ajetreo. Se elige a los actores. Se elabora el vestuario. Se decide dónde se va a filmar la película. El equipo de producción construye los decorados. Y los expertos preparan los efectos especiales. El director trata de prever los problemas que puedan surgir antes de comenzar a filmar. Se planifican hasta los detalles más pequeños.

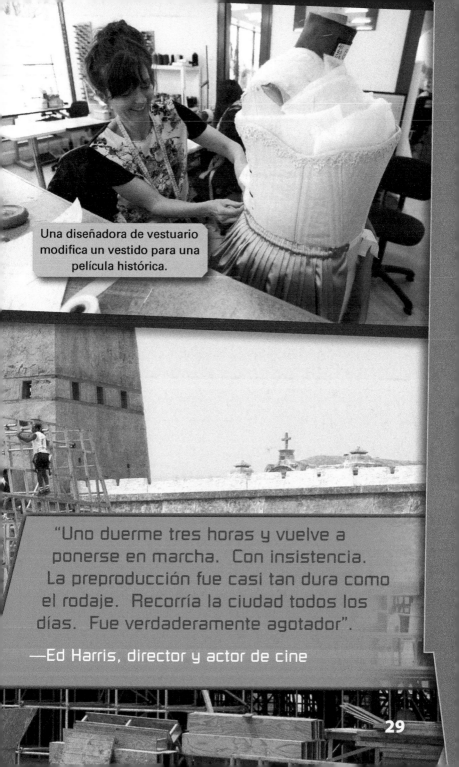

Una diseñadora de vestuario modifica un vestido para una película histórica.

"Uno duerme tres horas y vuelve a ponerse en marcha. Con insistencia. La preproducción fue casi tan dura como el rodaje. Recorría la ciudad todos los días. Fue verdaderamente agotador".

—Ed Harris, director y actor de cine

Plasmar la idea

Un guion puede volver a contar una historia antigua o una totalmente nueva. Durante el rodaje, los actores deben saber qué decir, dónde colocarse y cómo expresar las emociones de su personaje. El guion les indica lo que ocurre a su alrededor. Las indicaciones en el guion ayudan al director a imaginar cómo filmar cada escena.

Enséñame el dinero

Una vez que el guion está listo, una productora debe decidirse a financiar la película. Corre con los gastos del equipo, los actores y el instrumental necesarios. A cambio, recibe una parte del dinero que genere la película en taquilla.

UNA ASOCIACIÓN FAMOSA

La productora 20th Century Fox ha creado películas como *Avatar*, *La guerra de las galaxias*, *Ice Age* y *El diario de un chico en apuros*. Al principio se trataba de dos productoras: The Fox Film Corporation y 20th Century Pictures. En 1935, The Fox Film Corporation empezó a quedarse sin dinero. Por eso, ambas empresas unieron sus fuerzas y se convirtieron en una de las productoras de más éxito de Estados Unidos.

EL GREMIO DE GUIONISTAS

En 1920, los guionistas constituyeron el Screen Writers Guild (gremio de guionistas). Este grupo se encarga de garantizar el reconocimiento de estos profesionales por los guiones que escriben y venden.

En 1981, los **guionistas** se unieron para protestar contra las malas prácticas y los pagos injustos.

HACER CUENTAS

La producción de una película puede costar cientos de millones de dólares. Antes de comenzar, se elabora un **presupuesto** para que los directores y los productores sepan cuánto pueden gastar en los actores, el equipo, la música y los efectos especiales. El presupuesto se detalla mucho y se desglosa en categorías concretas, para que se tengan en cuenta todos los posibles gastos.

UN GRAN PRESUPUESTO

Concepto	Cantidad	Precio	Total
derechos	1	$1,200,000	$1,200,000
guionistas	3	$100,000	$300,000
suministros para el guion (papel, fotocopias, clips)	1	$2,500	$2,500
desarrollo del guion	1	$4,000	$4,000
productor ejecutivo	1	$2,000,000	$2,000,000
director	1	$1,500,000	$1,500,000
actores	3	$1,000,000	$3,000,000

La película de terror *La aldea* contó con un presupuesto de $71,682,975. Pero, dado que generó unos $256,697,520 en taquilla, ¿quién va a quejarse?

¡ALTO! PIENSA...

- ¿Cuál es el presupuesto total de esta película?

- ¿Cómo se calcula el costo total de cada cosa?

- En este presupuesto, ¿qué supone un gasto mayor?

Concepto	Cantidad	Precio	Total
doble, escenas con automóvil	1	$7,000	$7,000
decorados	1	$10,000	$10,000
vestuario	1	$90,000	$90,000
alquiler de cámaras	5	$2,000	$10,000
efectos especiales	1	$1,000,000	$1,000,000
edición	1	$50,000	$50,000
		Total	**$4,167,000**

Elegir la ubicación

Las películas pueden filmarse en un lugar concreto. No obstante, a veces se ruedan con decorados. Estos pueden incluir una ciudad o una casa construidas por los diseñadores de decorados. A veces, la película se filma donde tiene lugar la acción. Otras, un lugar diferente puede resultar mejor para filmar, por lo que Londres podría hacer las veces de Nueva York. ¡O al contrario!

Grabar en un decorado hace que los directores lo tengan más fácil a la hora de controlar la acción mientras filman.

DECORADOS EXTERIORES

Los decorados exteriores son una zona detrás del estudio de rodaje que contiene varios decorados que pueden reutilizarse. Los de edificios pueden adaptarse a cualquier época o lugar que necesite el director. Es habitual que haya montañas, bosques, barcos, ciudades pequeñas y edificios falsos.

Los decorados cuentan con suficientes detalles como para que parezcan reales en la película. No obstante, basta con abrir el grifo del fregadero de la cocina en un decorado para darnos cuenta de dónde termina la magia del cine.

Con película o digital

En el pasado, una larga película iba pasando por la cámara de vídeo para grabar la acción durante el rodaje. La película se introducía luego en un proyector, que mostraba la imagen en una pantalla grande. Hoy en día, podemos ver películas digitales en televisores, teléfonos celulares, portátiles y tabletas de **alta definición**. Del mismo modo, la mayoría de las películas se filman con cámaras digitales avanzadas. No obstante, hay quien cree que es mejor hacerlo con película. Dicen que le da un aspecto más cálido y natural a la producción.

PROTEGER EL PASADO

La película es frágil. Los estudios de cine toman medidas extremas para protegerla. Los **rollos** de película se almacenan en sótanos a mucha profundidad. Las cámaras acorazadas evitan que los ladrones y los desastres naturales los destruyan. Hasta pueden resistir a las bombas.

LA NUEVA ONDA

A pesar de lo mucho que les gusta la película a muchos profesionales, el sector apuesta por lo digital. Estas son las razones:

- La producción digital puede ser menos cara.

- La película debe volver a cargarse en la cámara cada 10 minutos. Los archivos de vídeo digitales se almacenan en discos o discos duros.

- El instrumental digital puede instalarse más rápidamente.

- Las cámaras digitales ocupan menos espacio.

- El uso de película requiere más conocimientos. Las cámaras digitales les resultan más fáciles de usar a los nuevos directores.

- El instrumental digital permite ver el progreso de forma inmediata y comprobar lo que se ha filmado.

¡NO LO OLVIDES!

El proceso de producción es estresante para el equipo de rodaje. Una vez que se ha elegido un guion, hay mucho que hacer. Este proceso es complejo y la mayoría de las tareas deben hacerse planificando cuidadosamente. Imagina que tuvieras que filmar una película y el vestuario no estuviera terminado y listo para usarse.

1 Decidir el presupuesto.

El presupuesto permite saber cuánto dinero puede uno gastar y a cuántas personas se puede contratar.

2 Elaborar el plan de producción.

Elige las fechas de rodaje y de edición de la película.

3 Contratar al equipo.

Algunos miembros del equipo se eligen según su experiencia. A los actores no solo se los elige según su experiencia, sino también porque el director cree que son perfectos para determinado papel.

4 Idear la película.

El director debe saber cómo quiere que quede la película antes de comenzar a filmar. Dejar algunas decisiones para el último momento puede ser muy costoso.

5 Elegir la ubicación.

La ubicación de la película determina dónde se graba. A veces, el director conoce el lugar perfecto para una escena; otras veces hay que pasar varias semanas buscando el sitio idóneo.

6 Preparar el vestuario.

Después de elegir a los actores, el vestuario puede confeccionarse a medida.

7 Planificar la iluminación.

Algunas escenas solo pueden filmarse por la mañana, mientras que otras solo pueden rodarse por la noche. Saber qué luz se necesita en cada escena ayuda al director a programar el momento del día en que hay que filmar.

8 Planificar cada escena.

Aunque ya se haya elegido la ubicación, es importante saber el lugar exacto donde va a rodarse una escena concreta. ¿Será en la parte de arriba de la escalera o abajo? Los cambios más pequeños pueden influir enormemente en la manera en que los espectadores ven la película.

¡Luces!
¡Cámara!
¡Acción!

Cuando comienza el rodaje, el equipo llega temprano para prepararlo todo. Hay que construir el decorado, colocar el instrumental de sonido y grabación y las luces deben estar en la posición apropiada. A veces pueden filmarse varias escenas en un día. Otras, pueden tardarse varios días en terminar una sola escena.

el director Francis Ford Coppola durante el rodaje

"Creo que el cine, las películas y la magia siempre han estado muy relacionados. Los primeros que hicieron películas eran magos".

—Francis Ford Coppola, director

el rodaje de *Las crónicas de Narnia: El león, la bruja y el armario*

A lo largo del día, el equipo comprueba la ubicación de la utilería. Quizá regule el instrumental de sonido y las luces. Durante el rodaje, los maquilladores y los diseñadores de vestuario están preparados para realizar **retoques**.

El director ayuda a los actores en cada escena: les dice cómo moverse y les habla de cómo se sienten los personajes. Eso les sirve para saber cómo actuar en cada escena.

Cuando termina el rodaje, el equipo se queda para recoger. Los actores preparan el texto para el día siguiente y el director examina la película para asegurarse de que las escenas están bien antes de avanzar.

Una maquilladora retoca el maquillaje del actor Tom Hanks.

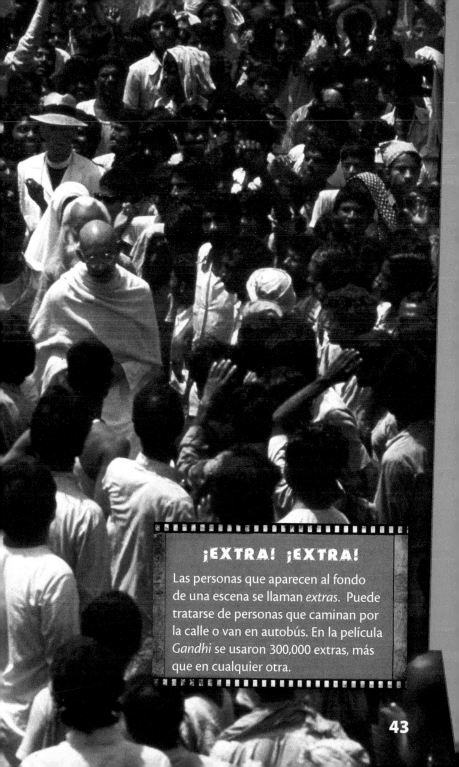

¡EXTRA! ¡EXTRA!

Las personas que aparecen al fondo de una escena se llaman *extras*. Puede tratarse de personas que caminan por la calle o van en autobús. En la película *Gandhi* se usaron 300,000 extras, más que en cualquier otra.

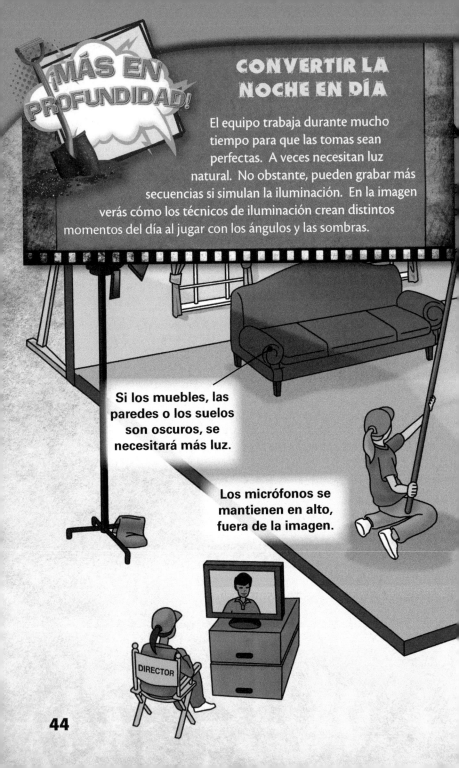

¡MÁS EN PROFUNDIDAD!

CONVERTIR LA NOCHE EN DÍA

El equipo trabaja durante mucho tiempo para que las tomas sean perfectas. A veces necesitan luz natural. No obstante, pueden grabar más secuencias si simulan la iluminación. En la imagen verás cómo los técnicos de iluminación crean distintos momentos del día al jugar con los ángulos y las sombras.

Si los muebles, las paredes o los suelos son oscuros, se necesitará más luz.

Los micrófonos se mantienen en alto, fuera de la imagen.

DIRECTOR

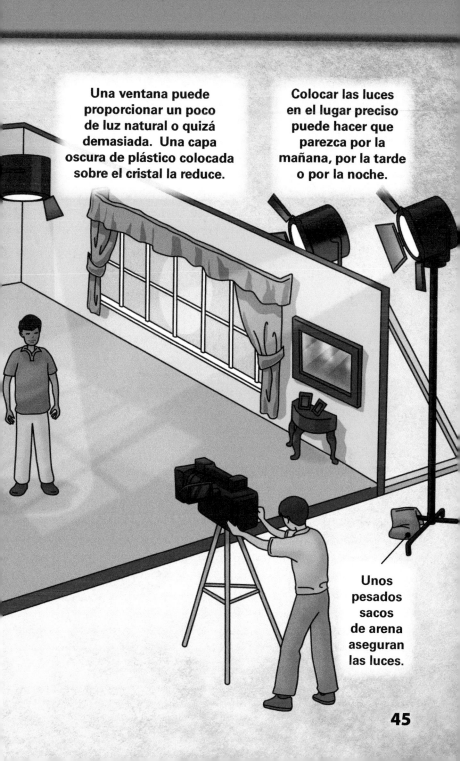

Una ventana puede proporcionar un poco de luz natural o quizá demasiada. Una capa oscura de plástico colocada sobre el cristal la reduce.

Colocar las luces en el lugar preciso puede hacer que parezca por la mañana, por la tarde o por la noche.

Unos pesados sacos de arena aseguran las luces.

¡A recoger!

Se termina el rodaje. ¿Y ahora qué? Aunque no lo creas, todavía hay mucho trabajo por delante. Las cosas que son imposibles en la realidad ocurren de forma mágica en las películas. Tras el rodaje se añaden los efectos especiales. Hacen que las cosas imposibles se vuelvan realidad. Una de las técnicas más utilizadas es la **imagen generada por computadora (CGI)**. Los artistas la usan para crear bolas de fuego aterradoras, dragones voladores y terribles tormentas de nieve que entusiasmen al público.

EFECTOS DE SONIDO

Los sonidos que escuchamos en el cine suelen añadirse tras el rodaje. Las cámaras graban los diálogos de los actores, pero puede haber ruido de fondo o el volumen puede resultar insuficiente. Después de filmar, los actores van a un estudio de grabación y vuelven a grabar los diálogos. Esto se llama *regrabación*. Puede ser difícil, ya que deben asegurarse de que el sonido encaje con el movimiento de los labios en cada escena.

Antes

Los dinosaurios de *Parque jurásico* los crearon unos artistas digitales.

ZOOM LENS

28 - 85 mm

IMAGEN GENERADA POR COMPUTADORA

Hoy en día, gracias a las computadoras, ya no hay que pintar los fondos ni grabar en la ubicación de la película. Podemos crear imágenes que parezcan tan reales que nadie se dé cuenta de que son falsas.

Después

La edición

Las películas pueden durar entre una y tres horas. No obstante, suelen grabarse muchas más. Se filma todo lo que está en el guion desde distintos ángulos y hasta algunas escenas adicionales, por si acaso. Tras el rodaje, el editor repasa la película y elige las escenas que cuentan mejor la historia. El tiempo lo es todo en este trabajo. El editor decide exactamente cuánto debe durar cada escena para encandilar al público.

Preparar la música

Piensa en la escena más emotiva de tu película favorita. Ahora imagínala sin música. Esta ayuda al público a entender las emociones en cada escena. La música puede ser ligera y alegre, si se trata de un momento divertido o entrañable. O puede ser siniestra y amenazadora, si se trata de algo peligroso o aterrador. El **compositor** escribe la música para que encaje con la escena.

Los músicos se colocan alrededor del micrófono para grabar mientras ven una escena en el televisor.

"La edición de cine es algo que prácticamente cualquiera puede hacer y disfrutar de forma sencilla, pero ir más allá exige tanta dedicación y persistencia como cualquier arte".

—Walter Murch, editor de cine

LOS EFECTOS DE SONIDO

La próxima vez que veas una película en casa, aprieta el botón de silencio. Ver algo sin sonido lo cambia todo. Seguramente seas capaz de seguir lo que ocurre en la historia por las caras de los personajes y sus movimientos. No obstante, sin sonido, nos perdemos una parte importante de la historia. No solo nos referimos a las voces de los actores. También nos referimos a los ruidos de fondo, como el repiqueteo de las gotas en el tejado, los árboles agitados por el viento o cosas pequeñas, como un lápiz que cae al suelo.

¡Prueba estos efectos de sonido para que tu próxima obra maestra cobre vida!

¿Un perro que se sacude para secarse? Sacude una fregona mojada (mejor hazlo en el exterior)

¿Unos elefantes que agitan las orejas?
Abre y cierra unos paraguas.

¿Cascos de caballos?
Haz chocar las dos mitades de un coco.

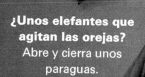

¿Una flecha que pasa cerca?
Agita un tallo de bambú junto a un micrófono.

Muy pronto...

A muchas personas les encantan los **tráileres** que se emiten antes de una película. Nos informan acerca de las próximas novedades. Se crean para que queramos ver la película en el cine. Los carteles y los anuncios tratan de atraer al público. Si a alguien le gusta el tráiler o el anuncio, se lo dirá a sus amigos. Estos se lo dirán a más amigos. Muy pronto, todo el mundo estará haciendo cola para el **estreno** de medianoche.

¿EL TRÁILER DETRÁS?

El primer tráiler de película apareció en 1913. Durante un tiempo, se emitían al final de la película. Como el público solía marcharse justo al terminar esta, los tráileres pronto se trasladaron al comienzo. No obstante, el nombre *tráiler* se mantuvo.

Los estudios de cine contratan a equipos con mucha experiencia para que los tráileres resulten atractivos.

LO MEJOR DE LO MEJOR

Igual que ocurre con las películas, hacer tráileres también es un arte. Estos deben atraer la atención del público, pero tampoco pueden dar tanta información como para revelar lo que ocurre en la película. Cada año, los mejores tráileres se premian con los *The Golden Trailer*.

EL PRIMER ESTRENO DE HOLLYWOOD

El primer estreno de cine de Hollywood tuvo lugar en el Grauman's Egyptian Theater en 1922. La principal atracción era la película muda *Robín de los bosques*.

Las estrellas llegan al estreno de la película *Indiana Jones y el reino de la calavera de cristal*.

El estreno

Las estrellas brillan en los estrenos de cine. En ellos, los actores, el director y los productores pasan por la alfombra roja. La prensa los entrevista sobre la película. También se hacen fotografías para **promocionar** la producción. Quieren animar al público a ir a verla.

Al final, este la verá. El tiempo, el dinero y el trabajo invertidos tienen su recompensa. A veces, las personas hacen cola durante horas para ver la película. Algunas producciones tienen tanta demanda que los cines programan el primer pase a medianoche.

¡LOCURA A MEDIANOCHE!

En 2011, *Harry Potter y las reliquias de la muerte, parte 2* batió récords en cuanto al dinero recaudado en un pase a medianoche. La película generó $43,500,000 en una noche.

Los seguidores hicieron cola para ver *Harry Potter*.

The end

   Las buenas películas hacen que sintamos que formamos parte de ellas junto a los personajes. Estas son las que ganan premios de la Academia. La próxima vez que veas una película, presta atención a los pequeños detalles. Piensa en el duro trabajo del equipo entre bambalinas. Y, cuando aparezcan los créditos, da las gracias a cada nombre por hacer posible la magia del cine.

estatuillas de los Óscares

¿Te has fijado en las palabras *the end* que aparecen al final de algunas películas? *The end* significa "fin" en inglés.

The End

Glosario

3-D: que da la sensación de profundidad o distintas distancias, tridimensional

alta definición: sistema digital con imágenes son más nítidas y formato de pantalla panorámica

camarógrafo: persona encargada de la imagen de la película

compositor: persona que compone música

digital: caracterizada por el uso de tecnología electrónica e informática

director de fotografía: otro nombre que se da al camarógrafo, quien se encarga de la imagen de la película

directores: personas encargadas de todos los aspectos artísticos y técnicos de una película

documentales: películas que exponen hechos o cuentan una historia real

efectos especiales: efectos visuales o mecánicos artificiales que se usan para que parezca que ocurre algo que sería imposible de hacer o demasiado costoso o peligroso

estreno: primera vez que se muestra una película en el cine

género: categoría de una película (por ejemplo, romántica, comedia, de terror, drama)

guiones: partes escritas de una película que describen lo que dicen los actores y cómo es la escena

guionistas: personas que escriben guiones para

imagen generada por computadora: imágenes creadas en una computadora y usadas en las películas para los efectos especiales

nominada: propuesta para recibir un premio

preproducción: proceso antes de filmar que incluye planificar y elaborar el presupuesto

presupuesto: cantidad de dinero que se destina a un proyecto concreto

productor: quien supervisa y controla la creación de una película

promocionar: tratar de vender a través de la publicidad

prótesis: objeto artificial que se usa para recrear partes del cuerpo

proyectan: muestran en una superficie, como una pantalla

retoques: mejorar algo a través de pequeños cambios o añadidos

rollos: objetos en los que se guarda y de los que se saca una película

taquilleras: que hacen ganar dinero

técnico de iluminación: electricista principal de una película

tráileres: vídeos cortos de las próximas películas creados para hacer crecer el interés del público

voz superpuesta: voz de un narrador invisible

Índice

Bibliografía

Kinney, Jeff. *The Wimpy Kid Movie Diary: How Greg Heffley Went Hollywood.* **Checkmark Books, 2012.**

Recorre con el escritor e ilustrador Jeff Kinney el proceso de adaptación de su libro para una película. Del primer dibujo a lápiz de Greg Heffley en el cuaderno de bocetos de Kinney a las fotografías, las páginas del guion y el diseño de vestuario, descubre cómo se hizo la película *El diario de un chico en apuros.*

O'Brien, Lisa. *Lights, Camera, Action! Making Movies and TV from the Inside Out.* **Maple Tree Press Inc., 2007.**

Descubre de primera mano el sector del cine y la televisión y aprende paso a paso cómo llegan las ideas a la pantalla. Comprueba cuánto sabes del mundo del espectáculo, recibe consejos de actuación del director y aprende la jerga de este mundillo gracias a los glosarios.

Scholastic. *Harry Potter Handbook: Movie Magic.* **Scholastic Incorporated, 2011.**

Descubre lo que pasa entre bambalinas en las ocho películas de *Harry Potter.* Conoce a los actores y al equipo. Las fotografías a todo color y las entrevistas a las estrellas y los cineastas nos muestran cómo el mágico mundo de Harry Potter pasó de las páginas de la famosa serie de libros de J.K. Rowling a la gran pantalla.

Wiese, Jim. *Movie Science: 40 Mind-Expanding, Reality-Bending, Starstruck Activities for Kids.* **John Wiley & Sons, 2001.**

¡Descubre la ciencia en la que se basa la magia del cine! Aprende lo imprescindible de la producción de una película: la utilería y el maquillaje, los efectos especiales y la iluminación. Luego sorprende a tus amigos y tu familia con tus propios efectos especiales, que crearás con objetos que encontrarás en casa.

Más para explorar

Science of the Movies

http://science.discovery.com/tv/science-movies/science-movies.html

En este sitio podrás puntuar distintos efectos especiales y descubrir la lista de las 10 mejores secuencias de este tipo de la historia del cine. Aprende qué se esconde tras los efectos especiales y qué opinan los cineastas del futuro del sector.

Little Director

http://littledirector.com/index.html

Anima tus dibujos y crea tu propia película. Los vídeos te enseñarán paso a paso a dibujar y animar los personajes, añadir música a la película y mucho más.

Mini Movie Makers

http://www.minimoviemakers.com

Descubre consejos y trucos para hacer películas, que incluyen cómo evitar los 10 peores errores de vídeo. Puedes apuntarte al *Kid Vid Club*, al que pertenecen otros jóvenes cineastas, y participar en retos semanales relacionados con la creación de películas.

The Numbers

http://www.the-numbers.com/movies/records/#alltime

Descubre los mayores éxitos de taquilla de Norteamérica y de todo el mundo. En este sitio podrás informarte acerca de los datos semanales de taquilla y las últimas novedades del mundo del cine, así como los resultados y los pronósticos de los premios de la Academia.

Acerca
de la autora

Sarah Garza se crió en Huntington Beach, California. Obtuvo un título de grado de *Cal Poly, San Luis Obispo* en historia y se especializó en inglés. Empezó a trabajar como profesora de historia e inglés de los alumnos de séptimo grado y en la actualidad enseña en Oakland, California. A Sarah siempre le han gustado las películas y una de sus tradiciones familiares preferidas es ver algunas los fines de semana. Su hermano trabaja en el mundo del cine. A Sarah le encantó escribir un libro sobre las películas, porque verlas es una de sus mayores aficiones.